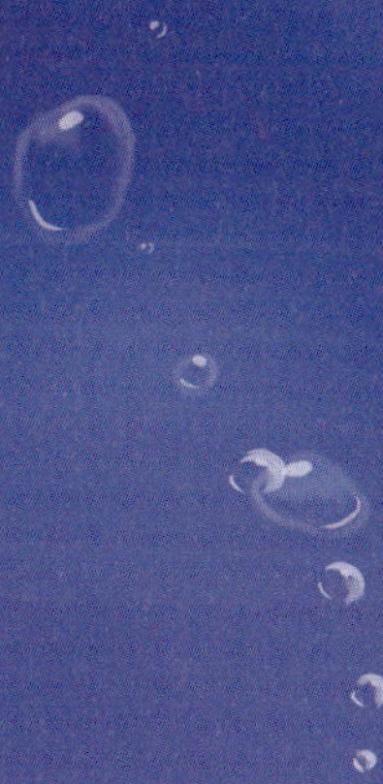

조금이나마 숨쉴 수 있는 순간이 되길 바라며

______________________ (이)가

______________________ 에게

관점을 바꾸는 그림 詩

뻐끔
뻐끔

Redent

Contents

Prologue

사랑이란 무엇일까?

Love Is Touch라는 말처럼,
자꾸만 눈이 가고 손길이 가고,
그래서 만지고 싶고 만져대게 되는,
그런 감정과 욕망일지도 모른다.

하지만 누군가에게는 그 감정과 욕망이
얼마나 진실한가와 상관없이,
그 자체로 하나의 폭력이 될지도 모른다.

모든 사람은 다
저마다의 언어와 소리로
자기 생각과 감정을 나타낸다.
그리고 때때로 어떤 사람들은
표현하지 않는 것을 선택하기도 한다.
그리고 바로 그 지점이
모든 오해의 시작점이다.

내 언어로 내 소리로
상대방을 독해하고
문제 풀이를 하려 한다는 것.

모쪼록 이 책을 읽는 동안,
자신의 표현 방법에 대해,
자신을 둘러싼 환경으로서의
타인들의 표현 방법에 대해,
돌아보고,
씹어보고,
음미해 보는 순간들이 되기를 바란다.

무엇을 경험하든 독(毒)이 아닌
약(藥)으로 사용할 줄 아는 현명함이
이 책의 독자님들과 영원히
함께하게 되기를 기도하며.

- Som618

내가 못생겼다고요?

우와
당신 눈은 썩었어요!
당신 맘은 더 썩어서
냄새가 나고요
악취가 장난 아니에요!

내 표정을 봐요
내 생김만 보지 말고
내 생기도 보세요
내 눈·코·입만 보지 말고
내 뱃살만 보지 말고!

즐겁지 않나요?
난 즐거운데
내 기쁨이 전염되지 않나요?

진심으로 웃는 이 마음이
전심으로 행복한 이 마음속
달콤한 팥소가 무엇인지
감춰진 소스는 무엇일지

궁금하지 않나요?
알고 싶지 않나요?

내 친구는 예뻐요
참 예쁘죠
어떤 친구들은 부러워해요
시기 질투도 장난 아니죠

하지만 난 아니에요
정말로 아니에요
부럽지도 샘나지도 않아요
비교 자체를 안 하거든요

어떻게 그럴 수 있냐고요?

내 마음엔
내 노래가 살거든요
나만 부를 수 있는
내 삶의 노래

웅얼대고 흥얼대면
어깨춤이 들썩들썩
엉덩이도 털썩털썩

어차피 다 늙는데
어차피 다 죽는데
얘도 쟤도 다 한때고
늙고 죽고 사라지는데

어여쁘단 말에 끌려
어두운 조명 아래 끌려
어지러운 술잔에 쾌락에
이리저리 휘청이기엔

내 젊음은 너무 짧고
내 인생은 너무 귀해

나는 춤을 춰요
나만이 출 수 있는
내 인생의 춤을

아직도 내가 못생겼나요?
여전히 당신 눈만 옳은가요?
못생기게 보는 그 눈이 참 불쌍해
못되고 못난 그 마음이 참 안타까워

이 즐거움을 보지도
이 노래를 듣지도
이 춤을 즐기지도 못하는

망가질 대로 망가진
당신이 참 딱해서

치익치익
스읔스읔
탈탈탈탈

구겨진 그 마음에 물 뿌리고
찌푸린 그 표정에 다리미질하면

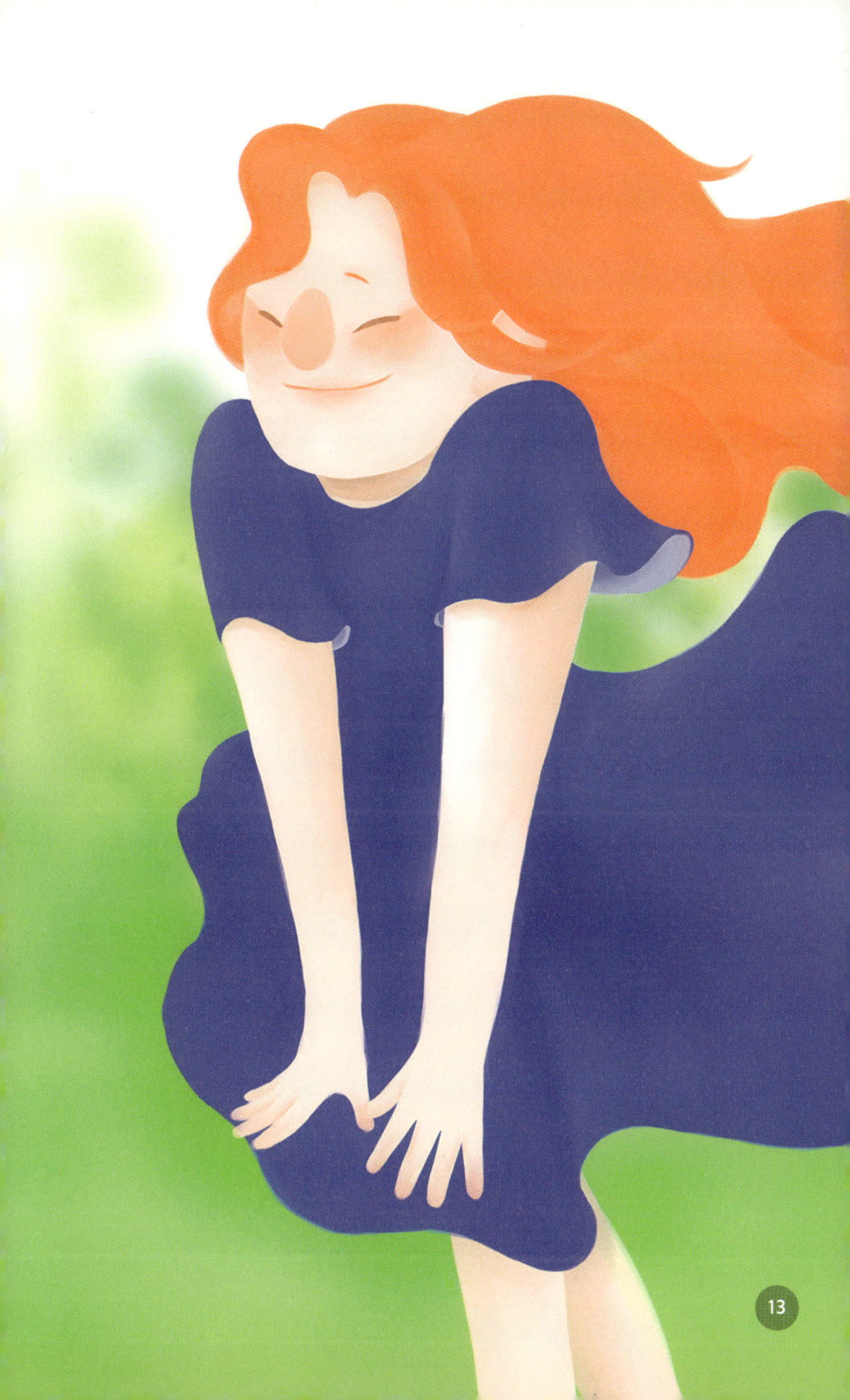

우와
당신 맘도 새롭네요
당신 눈도 맑아졌어요!
매력은 넘치고
향기도 장난 아니에요!

한 송이만

한 송이만 가져갈게요
너무 큰 사랑은 아직 내겐
부담이 되어요

갚아야 할 것 같고
되돌려줘야 할 것 같아서
부담스러워요

그래서
당신이 주는 풍성한 사랑은
아직은 시기상조예요

내 사랑이 더 자라날 때까지
하나만 받아도
서운해 말아요

언젠가
이 풍성했던 사랑을
그리워할 날이 올 지도 모르니까요

후회한다는 것 자체가 나에겐
형벌이 될 수도 있을 테니까요

뻐끔뻐끔

I

난 너를 보는데
시선을 뗀 적도 없는데
네 말은 하나도
못 알아듣겠어

너는 뻐끔뻐끔
네 말만 해

난 너를 사랑하지만
우리는 참
소통이 안 돼
저주받은
커뮤니케이션

너랑 내가 달라서
우리는 통하지 않는 걸까
너랑 내가 눈으로만
서로를 보았기 때문일까

나는 너를 보는데도
들을 수가 없네

이것은 사랑일까
착각일까

II

날 가둬두고
날 본다고요?
날 듣는다고요?

날 꺼내줘요
내 말을 듣고 싶다면
내게 자유를 줘요

당신의 호기심은
날 위한 게 아니죠

흥미로 해부하고
호감으로 가둬두는
당신의 호의 속
질식하는 난

나는 당신이 아니에요
당신일 수가 없어요
그러니까 나를
놔줘요…….

빼끔빼끔 내 외침을

들어줘요, 제발.

한쪽 눈을 감아봐

보여?
아직 안 보여?
다시 감았다 떠봐

보이지?
아직도 안 보인다고?
에이, 너
양쪽 눈 모두
겉만 훑는구나?

겉만 보는 그 눈을 감아야
마침내 펼쳐지는 세상
함부로 드러내지 않는
감추어진 세상
신비로운 세상

흑백의 지루함도
잿빛의 지겨움도
발 디딜 틈 없는,
화사하고 밝은
전혀 새로운 세상
이 찬란한 세상

패스워드는 없어
VIP 초대장도 없지
눈만 감으면 돼
겉만 보는
그 눈만 감으면

토라졌던 조개가
진주알을 토하듯
언짢았던 비구름이
무지개를 띄우듯
그렇게 드러나는
보이지 않던 세계

싸움도 미움도
전쟁도 분쟁도
오해도 판단도
피멍 드는 경쟁도 없는

사랑과 빛
기쁨과 배려
웃음으로 버무려지는
또 하나의 세계

캄캄했던 동굴 속으로
한없이 밀고 들어오는
이 찬란한 색
이 현란한 빛

죽은 감정도 살아 꿈틀대
죽은 생각도 허물을 벗어

한쪽 눈을 감아봐
뭐가 보여?

여전히 어두컴컴 숨 막히는 세상?
아니면 경이로워 숨이 멎는 세상?

한쪽 눈을 감아봐
자, 이젠 보여?

사랑 안에는 두려움이 거할 공간이 없다고 한다.
그래서 온전한 사랑은 그 어떤 두려움도 거할 틈을 주지 않는다고 한다.
시공이 덜 된 집을 둘러본다.
빈틈 투성이다. 온갖 바람이 다 들어온다…….

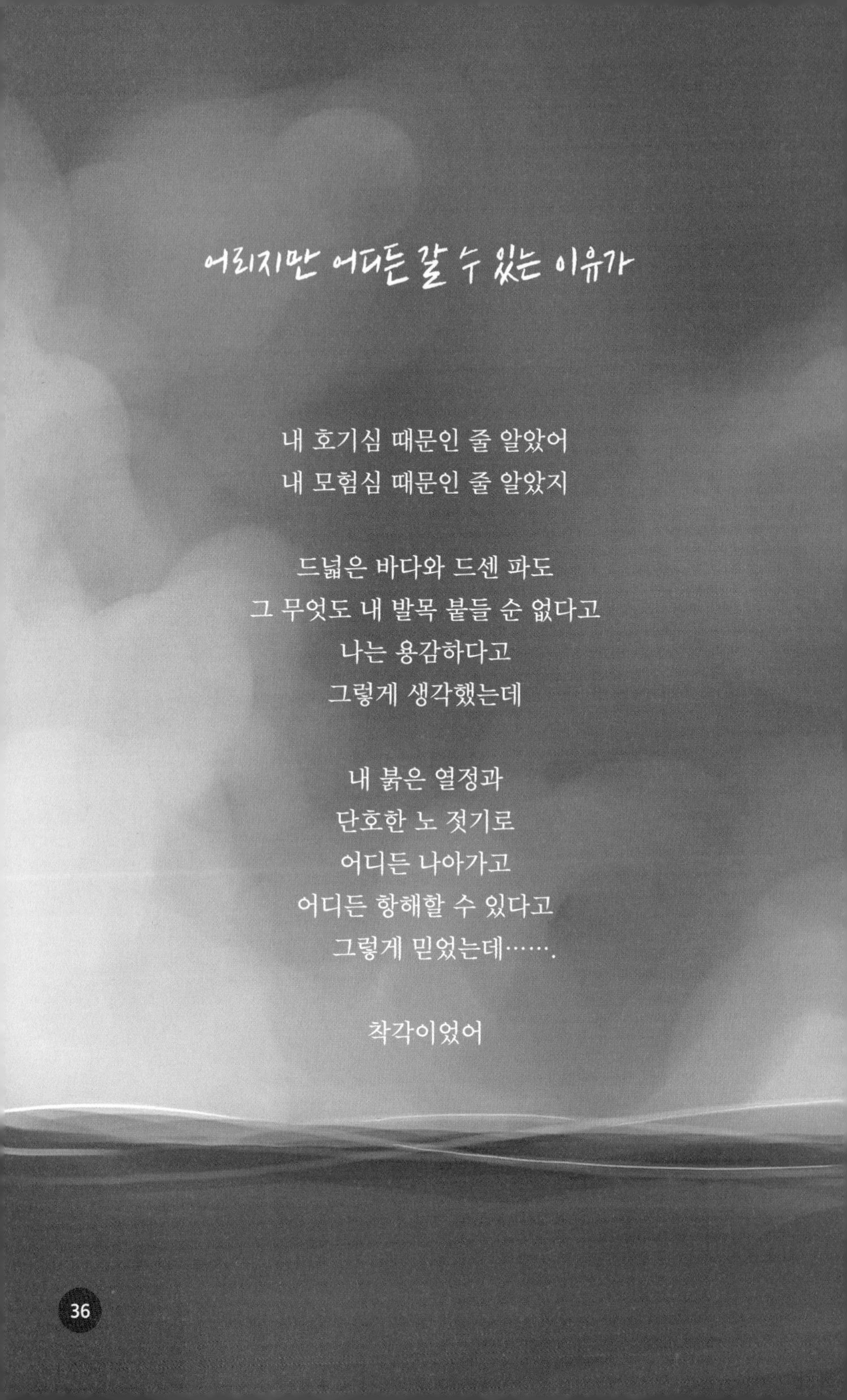

어리지만 어디든 갈 수 있는 이유가

내 호기심 때문인 줄 알았어
내 모험심 때문인 줄 알았지

드넓은 바다와 드센 파도
그 무엇도 내 발목 붙들 순 없다고
나는 용감하다고
그렇게 생각했는데

내 붉은 열정과
단호한 노 젓기로
어디든 나아가고
어디든 항해할 수 있다고
그렇게 믿었는데…….

착각이었어

보이지 않는 곳에서
나를 지켜주던
나의 고래
나의 가디언

통제하기보다
조종하기보다
실컷 다녀보라고
맘껏 착각하라고
숨어 지켜보아 준

나의 고래
나의 가디언

오늘도 나는
어리지만 어디든 갈 수 있어
푸른 꿈을 향해 마음껏
항해할 수 있어

나의 고래
나의 가디언
당신으로 인하여

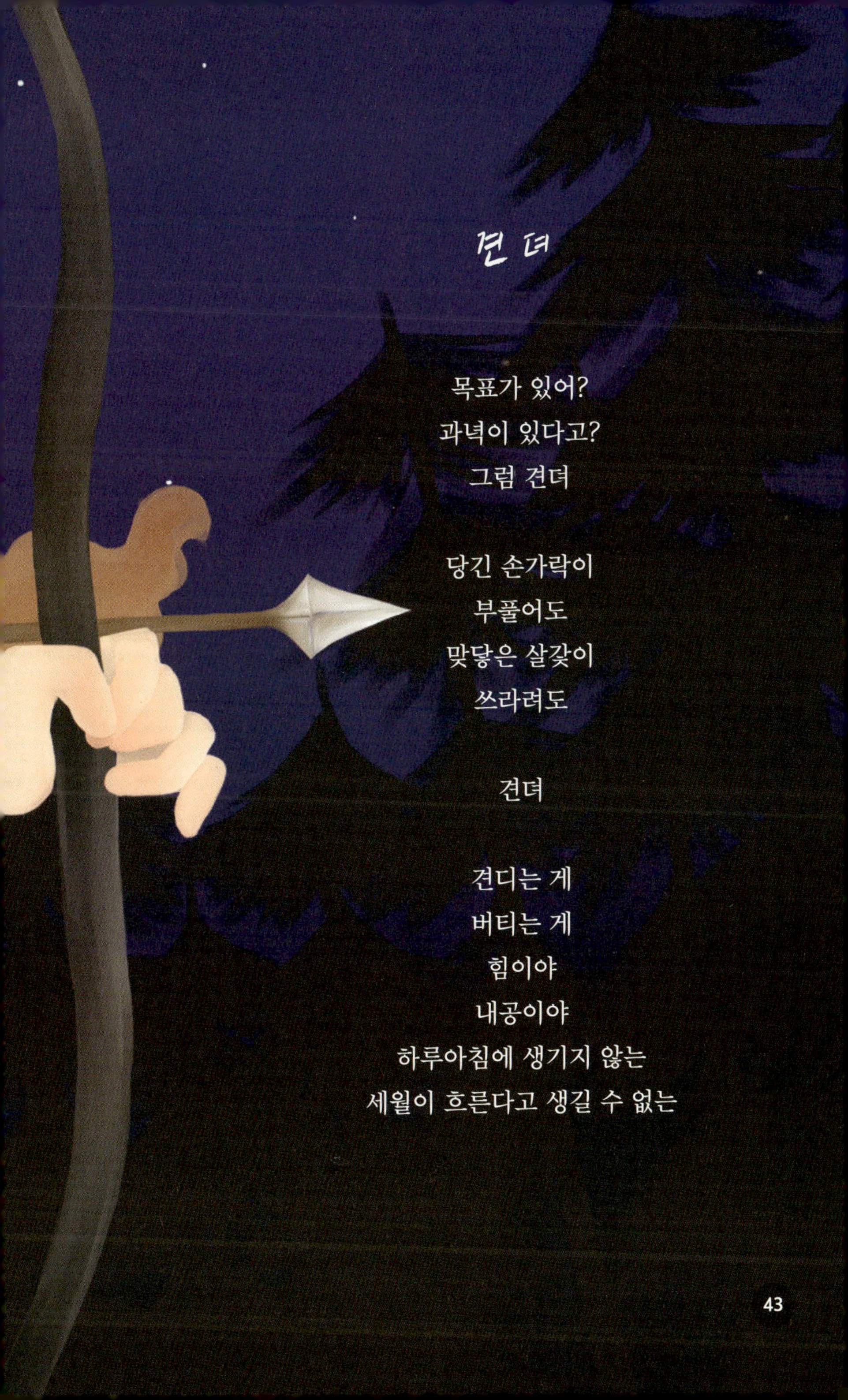

견뎌

목표가 있어?
과녁이 있다고?
그럼 견뎌

당긴 손가락이
부풀어도
맞닿은 살갗이
쓰라려도

견뎌

견디는 게
버티는 게
힘이야
내공이야
하루아침에 생기지 않는
세월이 흐른다고 생길 수 없는

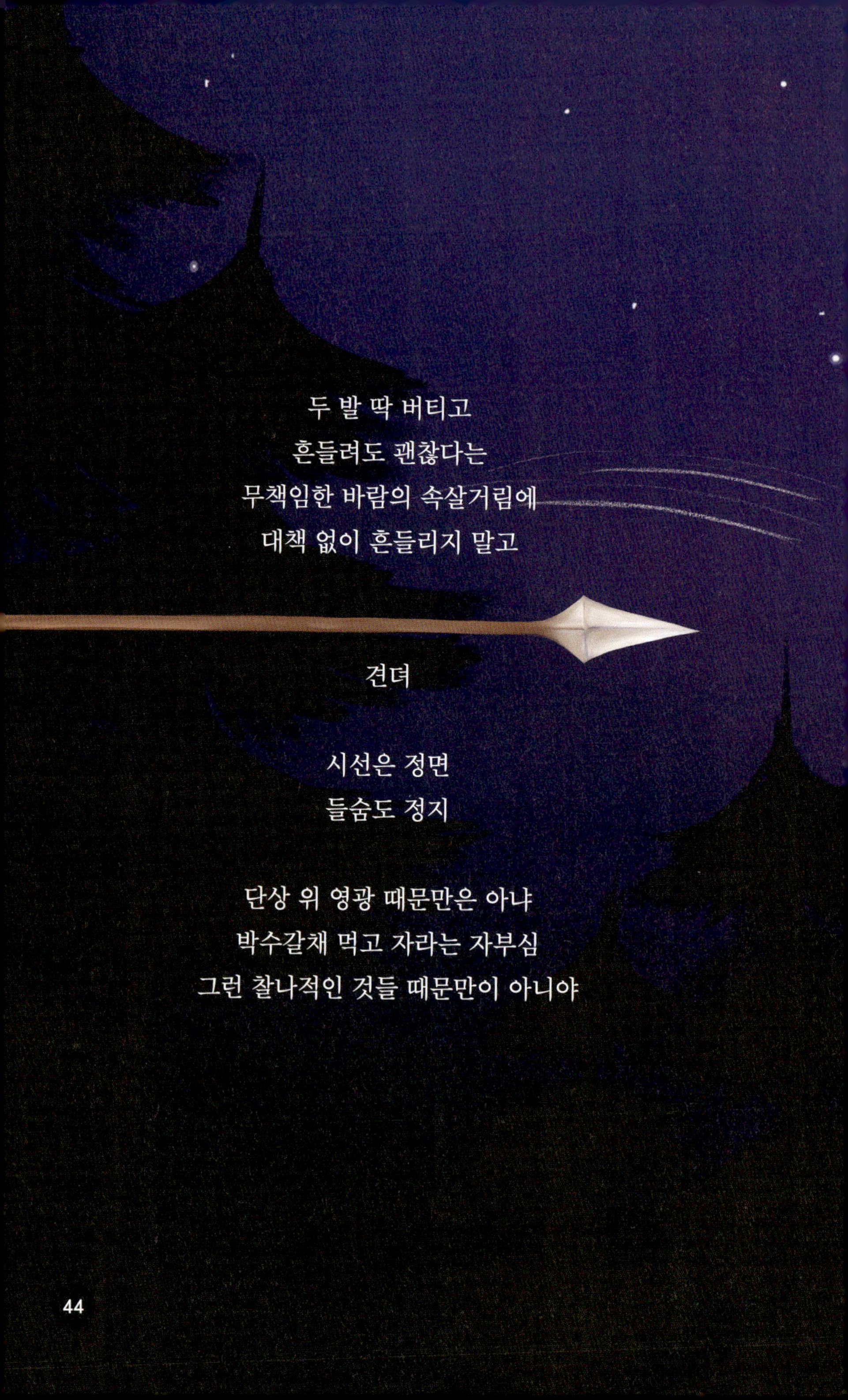

두 발 딱 버티고
흔들려도 괜찮다는
무책임한 바람의 속살거림에
대책 없이 흔들리지 말고

견뎌

시선은 정면
들숨도 정지

단상 위 영광 때문만은 아냐
박수갈채 먹고 자라는 자부심
그런 찰나적인 것들 때문만이 아니야

숨을 멈추는 순간
몰입하는 그 순간
우주도 숨을 멈춰
너와 하나가 되어
너를 자라나게 해
너를 강인하게 해

너조차 본 적 없고
너조차 만난 적 없는
너지만 네가 아닌
한 뼘 더 성장한 너
숨죽인 채 기다리는
미지의 너

쉬잇 말하지 마
흔들리지도 마

견뎌

과녁을 맞혀
심장을 뚫어

성큼
뛰어올라
날아올라

피융 쏘아진
네 화살처럼

머무르려는 너에게

세 계단만 오르면 돼
그렇게 먼 거리도
그렇게 높은 장애물도
아닌데

넌 왜 머무르려고 하니?

여기 꽃밭이 있어
정원으로 나가는 길이 있어
네 눈엔 안 보이겠지만
지금은 내 말뿐이겠지만
그래서 동굴 속이 더 편하겠지만

여기만 통과하면
네 인생의 꽃밭이 있어

그런데 왜 넌 날 붙잡니
나하고 함께 나가자는데
화사한 세상을 보자는데

왜 넌 의심부터 하니
왜 넌 포기부터 하니
왜 넌 좌절부터 하니
왜 넌 자포자기 하니

세 계단만 오르면 돼
세 계단

한 계단보단 많겠지만
열 계단보단 적어서
너도 걸어 올라올 수 있어

너와 헤어지긴 싫지만
동굴 속에 함께
남고 싶지도 않아

그러니까 힘을 내
날 믿어줘
믿을 수 없다면
날 봐줘
내가 계단을 올라
빠져나가는 모습을

날 보면 너도
용기가 생길 거야

나 먼저 나갈게
시선만 떼지 않는다면
너도 곧 나처럼
나올 수 있을 거야

그러니까
어서 나와
거기서
쭈그려
앉아있지
말고

알았지?

쉼

자궁 안에선
참 편했겠죠?
엄마가 먹여주는 밥
엄마가 마셔주는 물
먹고 마시며
쉬고 또 쉬었겠죠?
쉬면서도 자라났겠죠?

지금도 그래요
나는 쉬어요
나보다 큰 손안에서
쉬는데도 자라나요
내 마음도
내 실력도

참 신기하죠?
뛰기만 할 때보다
애쓰며 울 때보다
한 박자 쉬고
쿨쿨 잘 때
어느덧 자라나는 키

내 마음도 그래요
당신 손 밖에서
뛰어다닐 때보다
당신 손 안에서
눈을 감을 때
숨을 고를 때
더 자라나네요

한참을 쉬고 나니
또 달려갈
힘이 나네요
다시 비파를 불
호흡이 돌아오네요

마음을 새롭게 한다는 것은,
긍정적인 변화를 위해 마음을 준비시킨다는 것.
손님이 올 때면 누구라도 어질러져 있던 방을 청소한다.
변화라는 손님을 맞이하기 위해선 마음의 방 청소도 해야 하는 건 아닐까?

내가 고집이 세대요

성공의 해가 뜨는 곳
그 빤한 길을 놔두고
길 아닌 길을 가냐고
사람들은 갸웃해요

방향은 정해져 있는데
반항한다고 혀를 차요
끌끌끌끌 쯧쯧쯧쯧

내 마음이 원하는 길
내 영혼이 끌리는 길
이 길이 좋다고
아무리 말해도
아무도 안 들어요

정답은 정해져 있는데
태어나기도 전부터
태양은 동쪽에서만
뜨는 거니까

팔다리 다쳐가며
수풀을 헤쳐가며
걷고 걷는 나에게
응원 대신 비난만
고집 세다는 평가만

나는 말해요
"재밌잖아요"
사람들은, 도리도리
나는 웃어요
"재밌어요, 진짜로"

언젠가 내가 사라져도
내가 걸은 흔적은
남았으면 좋겠어요
누군가도 따라 걸으며
말했으면 좋겠어요

"재밌네, 이 길?"

슬픔은 바람에 묻고

태어날 때부터 있어 줘서
고마운 줄 몰랐던
우리 엄마

죽는 날까지 곁에 있을 거라
소중한 줄 몰랐던
우리 엄마

이제
아빠 없는 하늘 아래
엄마 없는 땅 위에서
이렇게 혼자 남아
이렇게 서글플 땐

두 팔을 벌려요
바람에 안겨요

흐르지 않는 눈물이
소리내지 않는 울음이
더 아린 법이라고
바람이 달래고 얼러도

토해지지 않는 슬픔
가슴속 후벼파는 후회
마음속 긁어대는 미련

왜 화를 냈을까
왜 무시 했을까
왜 답답해했을까
왜 짜증 냈을까

엄마의 조용한 신음을
엄마의 외로운 통증을
왜 외면했을까

지나간 시간 속
내가 밉고 미워서
울 수도 웃을 수도 없어서
그냥 이렇게 눈을 감아요
바람결에 온몸을 맡겨요

지나간 바람이
다시 오지 않듯이
지나간 시간은
되돌릴 수 없다고

슬픔은 이렇게
바람에 묻고

어린 목자와 늙은 양

I

에헴,
내가 괜스레 못마땅해하는 건 아니야
네가 젊고 내가 늙어서는 절대 아니라고

나도 처음엔 기대가 되었어
새롭구나
기발하구나
젊긴 젊구나…….

내 기대가 분노가 된 건,
불확실한데
불안정함으로
내달리려는 그 무모함
그 젊은 무모함

댐이 선다고
풀이 마른다고
미지의 땅으로 떠나야 한다는
그 절박한 발상이

울타리 튼튼한
내 집을 뒤로 한 채
어디로 가야 할지
갈 바를 알지 못한 채
터덜터덜 걷기엔

내 몸도 늙었고
내 맘도 늙었고
내 생각도 늙었고
내 기분도 늙어서

그래서 그랬던 거야
사사건건 반대하며
태클을 걸었던 이유

네가 싫어서도
못마땅해서도 아닌,
평안했던 땅에서
평화롭지 못한 여정으로 인도하려는,
그 젊음이 싫어서
이 늙은 몸을
일으켜 세우기 싫어서

어린 네가 목자란 사실조차
부인하고 싶었어

그래서 그랬던 거야

사사건건 반대하며

태클을 걸어야만 했던 이유

II

에취,
나도 감기가 들어요
젊어도 감기는 들죠

아픈 말
생채기 내는 말들은
내 노력을 깎고
내 의욕을 꺾죠

나는 양이 아니에요
나는 목자죠
도구를 쓰고 기구를 쓰는
데이터를 보고 테크닉을 보이는
어리지만, 목자랍니다

그래서 그랬어요
더 늦기 전에
안락하나 불안한 이 땅을 떠나
안도하게 될 땅으로 나아가려 한 이유

보기 때문이고
알기 때문이죠

보게 되면
알게 되면
움직이게 되죠

그것이 나의 역할
내가 리더인 이유
내가 세워진 이유

누려본 적 없는 어린 양
그들을 먼저 생각해줄 수도
그들을 위해 희생해줄 수도
그럴 수도 있었을 텐데…….

누리고도 미련이 남는지
집을 지키고 지위를 지키려는
그 욕심이 사나워서
늙은 탐욕이 무서워서
나는 털을 깎아요
당신의 자랑을 밀어요

경험만이 전부인 줄 아는
까막눈의 당신은
울타리 너머 가본 적 없이
사사건건 태클 거는
까칠한 당신은

반대를 위한 반대의 선봉장
미래로 가는 여정의 선인장
어린 내가 극복해야 하는 난관

그래서 그랬던 거예요
당신 털을 깎아야만 했던 이유
당신이 한낱 양이라는 사실을
벌거숭이로 보여야만 했던 이유
내가 잔인해질 수밖에 없던 이유

문제의 답을 맞추는데 급급해한다고 해서
통찰력이 생기는 것은 아니다.
마땅히 보아야 할 것들을 보지 못할 때,
잘못된 선택을 하게 되고
후회의 늪 속에서 허우적대기도 한다.
보석이 될 원석을 보고도 스쳐 지나가게 되는,
모조 다이아몬드에 전 재산을 투자하게 되는 미련함.
톨킨의 말처럼 반짝인다고 다 금은 아니다.

흔하지만 흔하지 않은 돌

너희는 잘 모르겠지
아마도 잘 볼 수 없을 거야
시간의 장벽에 갇혀
오늘만 볼 수 있는 눈들엔

여전히 회색 돌 하나만
덩그러니
외롭게 홀로
덩그러니

이 뿔이 다 자라날 때까지
아주 많은 것을 보아온 난
시간의 결계를 넘어
어제와 내일을 본 내 눈엔

덩그러니
혼자인 이 돌이
혼자가 아니야

흔하지만 흔하지 않은 돌
흔적 없이 흔적을 남길 돌
흔들림 없는 조각가 손에
깨어지고 다듬어져서

아름다운 여신보다 더 아름답고
용맹한 용사보다 더 용맹함으로
잘리고 깎이고 갈려질 거라는 걸
너희도 모르고
이 돌도 모른 채

언제부터 있었는지
언제까지 있어야 할지
알지 못하고 알 수 없는 답답함에
죽었는지 살았는지
가만히 멈춰만 있는 이 돌에

누군가의 희망이 닿고
누군가의 기쁨이 닿고
누군가의 위로가 닿고
누군가의 노래가 닿을지

너희도 모르고
이 돌도 모른 채
지나가던 새가 똥을 누고
지나가던 애가 오줌을 누고
그렇게 발로 툭툭 치겠지
낄낄대며 무시하겠지

인내심이 추위를 견디고
위대함이 주위를 버틸 때
예정된 운명이 배를 태우고
예정된 손길이 배를 가르고
……
……
……

어차피 너희는 잘 모르겠지
어차피 외국어처럼 들릴 거야
시간의 틈새에 갇혀
오늘만 볼 수 있는 그 눈엔

그저 회색 돌 하나만
무시해도 좋을
회색 돌 하나만

덩그러니

난 박수를 칠 테니

너희는 연주를 해 춤을 춰
신나는 공연을 보면서
나도 뭐라도 할게
이렇게 박수라도 칠게

재능은 신(神)이 내린 와인
마시면 즐겁고 신이 나지만
과하면 괴롭고 신물이 나지

한때는 욕심에
마시고 또 마셨지
마시면 마실수록
목이 말랐지

기준에 못 미쳤고
기대에 못 미쳤지
비명은 일상이 되고
생각은 비수가 되었지

더 이상 즐겁지 않은
즐기는 이 하나 없던
내 서글픈 재능

완벽한 경지란
완벽한 착각인 것을…….

그러다 너희를 봤어
보는 이도 즐거워지는
보는 이도 신이 나는
하는 이가 먼저 즐거운
경쾌한 순간

너희는 연주를 해 춤을 춰
나는 이렇게 박수를 칠 테니

내 실패도 나쁘지 않아

이렇게 박수를 칠 수 있다면

이렇게 재능을 넘어 예술을

사랑할 수 있게 된다면

민들레 홀씨 되어

후~ 하고
불어 보아요
기대와
소망을

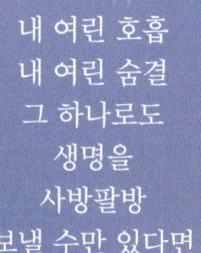

내 여린 호흡
내 여린 숨결
그 하나로도
생명을
사방팔방
보낼 수만 있다면

찰나의 생존이라도
감사해요
무명의 삶이라도
고마워요

나는 사라져도
흐트러졌던 홀씨들이
꽃들로 피어난다면

바람이 불어도 괜찮아요
비가 내려도 괜찮아요

나는
나의
남는
흔적
보며

행복할 거예요
감격할 거예요

내가 사라진 곳에서도
내가 갈 수 없는 곳에서도
내가 불던 홀씨들이
내가 모르는 꽃들로
피어날 수만 있다면!

내 여린 호흡
내 여린 숨결
가다듬어 오늘도
후~ 하고 내뱉어요

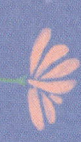

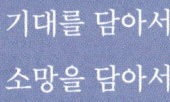

기대를 담아서
소망을 담아서

Dltkdgud (손얄 ㄹ ㄷ ㄱ듯)

djelf qhsl?
sjf qhfurh ajskajs rhtdptj dhs sork
durl dlfjgrp tj dlTsmsep
sprk qhsos xpffpvktlfmf xkrh
ajskajs rhtdptj
sprp so ahtmqdmf wjsthdgkrh
sjf gidgks so rkawjddmf wjsthdgkrh
rmfotj qhs wjreh djqtsms skfmf
sjsms dlfjgrp todrkrgkrh rmfutj
skfmf vygusgo soTsmsep

dho akrtkd sork tlfwogkf rjfkrhs
todrkrwl ahtgksms rjwl?

so snsdms akfrdktj sp akdmadmf dlfrdmf tn dlTrh
so dlqtnfdms qnfrdjtj sp tkfkddmf gnaclf tn dlTdj
so ajflsms gkdigrp tpdjtj sp wlgPrk ehlf tneh dlTwl

djelf qhsl?
sks durldp dlTdj
sks rnltlseh dkslrh
dbfudeh dksldi
dhlrPdlsdms ejejdnr dkslwl

sks rmwj sp ghcnfdp dmdekqgks
sjdml dltkdgud(숀 얄ㄹㄷㄱ듯)

마음의 헛된 상상은, 피둥피둥 살만 찌운다.
그러나 몸 대신 생각을 살찌우는 상상이란?
나 자신과 세상을 더 사랑하도록 돕는 상상이란?
매일의 일상식을 즐거워하게 돕는 양념이 될 수도.

어떤 책들은

상상력을 자극해
영감이 색색으로 펼쳐져
이전엔 해본 적 없던 생각
이전엔 알 수 없던 마음

갑자기 빨라지는 심장 박동
갑자기 시작된 心 달음박질

그래서 오늘도 펼쳐 보는
나보다 더 본 사람들의 이야기
나보다 더 안 사람들의 이야기
나보다 더 간 사람들의 이야기

이야기들은
색색의 영감이 되어
나를 자극해
더 풍성한 색으로
나를 채워줘요

행복한 밤이
또 시작됐어요

하늘이 운다고 나까지?

하늘이 울어요
눈물을 뚝뚝 흘려요
하늘이 운다고
사람들도 우나 봐요
여기저기 피어나는
검은색 우산들

누가 죽기라도 한 걸까요
왜들 죽상인 걸까요

영화 속 연인들도
따라 울던데
엉엉 소리 내어
상처 터트리던데
내 마음은 다르네요

새까만 우산 속으로
몸을 숨기면
후드득후드득
떨어지는 빗소리는
즐거운 멜로디
후루룩후루룩
벗기려는 바람도
재밌는 플레이

하늘이 운다고
모두가 운다고
나도 울어야 하나요
하늘이 슬퍼도
웃을 순 있잖아요
바람이 분다고
떨 필요는 없잖아요

하늘이 울어요
눈물을 뚝뚝 흘려요
상황이 그렇다고
환경이 그렇다고
쉽게 쉽게 젖어 드는
주저앉으려는 습성에
나는 반기를 들듯
우산을 들어요

어느새 빗줄기는
멜로디가 되네요
어느새 나는
따라 부르고 있네요

I'm singin' in the rain
Just singin' in the rain
What a glorious feeling
I'm happy again…….

달에 그넷줄을 매달면

칠흑 같은 어둠 속
내게만 켜지는
하이라이트
스팟라이트

혼자라는 어둠 속
꿈 그네에 올라
하나 둘 셋 넷
발을 구르면

기억 저편 숨겼던
무의식 아래 감췄던
사람들도 떠오르고
상황들도 떠오르고

후회라는 수은 중독
시체처럼 널브러진
과거의 나를 넘고 넘어

이렇게 새까만 밤
달빛 속 그네를 타며
하나 둘 셋 넷
발을 구르면

어제를 넘어 내일로
외롭지만 외롭지 않은
우주로
이 꿈속으로

토끼가 방아를 빻았다던 달
그 아래 그네를 타며
나는 흥얼거려요
휘파람을 불어요

서서히 떠오르는 소중한 것들
어둠 속에도 잠식되지 않고
외로움에도 사라지지 않는

진짜들과 조우하는 순간이에요

아이, 따뜻해

별을 보고 싶어서
밖에 나와 봤어요

출출한 배 감싸 안고
쌀쌀한 밤 감싸 주는

구름 솜 이불 덮고
달이 뜨고 별이 뜨길

기다리고 기다리면

아이, 너무 따뜻해
자꾸 졸음이 몰려와

별 보러 나왔다가
꿈꾸러 가겠네요

아무도 없어도
캄캄한 밤이어도

구름 솜 이불만 쓰면
왜 이렇게 따뜻한지
왜 이렇게 포근한지

자꾸자꾸 졸려서…….
하아아암…….
할 말도 잊네요…….
자꾸자꾸 잊네요…….

당신 마음이
나에겐 그래요
편안한 잠을 주는
구름 솜 이불 같은

뜻밖의 선물

정성을 풀자니 설렙니다
마음을 보자니 두근두근

무엇일까?
내가 보일까?
당신이 보일까?
누가 생각나는
뜻밖의 선물일까?

내 감정보다
내 필요보다
내 필요를 아는
내 감정을 아는
당신 감정을 보고 싶어서
당신 생각을 알고 싶어서

조심스레 끌러 보아요
두 손 모아 기도해 보아요

당신에게 나는
어떤 사람일까요?
너무 궁금해
두근두근

어라? 웬 곰돌이 인형?
인형 싫어한다고 분명 말했는데?

예상치 못한 선물
뜻밖의 선물은
받을 땐 좋았어요

그런데……
이 곰돌이는
누구죠?

당신인가요?
나인가요?
아니면,
당신이 좋아했다던
그 사람?

Epilogue

물고기가 수면에 입을 대고 뻐끔뻐끔하는 것은,
산소가 부족하기 때문이란다.
사람이 서로의 얼굴을 보고도 뻐끔대는 것은,
무엇이 부족해서일까.
이해가 부족해서일까,
사랑이 부족해서일까,
아니면 서로에 대한 믿음이 부족해서일까.

세상은 넓고 같은 듯 다른 사람들은 너무나도 많다.
나라가 달라서든 인종이 달라서든 민족과 역사가 달라서든,
다름이 나눔의 근거가 되지 않기를 감히 바라며,
내 생애 첫 번째 책에 안녕을 고해 본다.

안녕?
태어났으니, 이제 너도 네 갈 길을 가렴.
물살을 가르며 거침없이.
널 환대해줄 사람들에게로.

-Som618

뻐끔 뻐끔

초판 1쇄 발행 2022년 2월 15일
초판 2쇄 발행 2022년 4월 18일

글 Som618
그림 Jane.E

펴낸이 박다솜
디자인 나경화
마케팅 김민혜

펴낸곳 레드 엔터테인먼트
주소 경기도 파주시 회동길 480 아트팩토리 NJF B동 239호
이메일 red_entertainment@naver.com
등록 2021년 3월 9일 제2021-000028호

@red.entertainment_books

ISBN 979-11-976051-0-9 03810